JN410349

지심도 동백꽃

김종원 제2시집

도서출판 경남

경남시인선 150

지심도 동백꽃

김종원 제2시집

펴낸날 | 2012년 10월 25일

지은이 | 김 종 원
펴낸이 | 오 하 룡
펴낸곳 | 도서출판 경남

주 소 | 창원시 마산합포구 몽고정길 2-1
연락처 | (055)245-8818~8819
홈페이지 | www.gnbook.com
블로그 | gnbook.tistory.com
이메일 | gnbook@empal.com
등 록 | 제2호(1985. 5. 6.)
편집팀 | 오태민 | 심경애 | 구도희

ISBN 978-89-7675-786-9-03810

〔값 8,000원〕

*이 책은 거제시문예진흥기금에서 발간비의 일부를 지원받았습니다.

■ 시인의 말

등골 싸늘한 희열이여!
맨발의 천리독행이여!

발뼈가 하얗게 드러날 때까지
머리칼이 가을 갈대가 될 때까지

1집에 이어 2집의 시 농사도
쭉정이 속에서 제대로 된
한 알의 알곡만 건져내도
나 행복하리니!

*졸작임에도 귀한 해설을 써주신 송제 이상개 선생님과 표4를 써주신 홍신선 선생님, 그리고 시집이 나오기까지 도와준 서한숙 작가에게 마음속 깊이 감사를 드립니다.

| 차 례 |

제2부 황혼의 포로수용소

제3부 편 지

제4부 무 상

제1부

봄의 노래

봄의 노래

버들가지 잠 깨어라
개구리 뒷다리 팽팽하게 힘 주어라
앞산 뒷산아 뻐꾸기 메아리에
나무들 귀 열어라
돋아나는 새순마다 봄비 함초롬히 머금어라
땅속에서 고개 내미는 쑥들아
향기를 통하여 대지를 물들여라
봄을 채찍질하라
초목이여
모든 이들에게 무성한 녹음이 되고
온 대지에 이는 저 아지랑이 같은
사랑이 일어라

봄이 오는 길

봄은 함부로 오지 않는다
수평선 너머 아버지 노 젓는
목선같이 느리게 온다
남쪽바다 샛바람 파도 타고 너울너울 온다

우수를 데리고 실비같이 온다
항아리 과실주 술 익는 시간같이 온다
수절과부 저고리 고름 풀듯이 온다

마침내 대지는 열꽃 같은 홍역으로 뜨겁고
어디선가 터지는 꽃길 사이로
거문고 비켜들고 나타날 것 같은
황진이 속곳바람으로 온다

춘일春日 · 1

물 오른 산벚나무 탱탱한 속살을
힐금힐금 쳐다보는 낮달을 심술궂은
뭉게구름이 가리네

춘일春日 · 2

길 위에 날아내리는 꽃잎의 융단
무릇 길이 아닌 곳도 수없이 누비고
다녔던 죄 많은 발
그 발 머리에 이고 꽃잎 한 장의
무게로 봄길을 건너고 싶다
살가운 개미발로 건너고 싶다

춘일春日 · 3

바람을 안고 꽃잎이 꽃잎을 밟고 간다
꽃잎에 깔린 개미가 필사적으로
꽃잎을 들어올린다
온 우주가 휘청거린다
여인의 빨간 하이힐 구두 굽에 꽂힌
꽃잎의 심장이 뜨겁게 팔딱거리는
봄날 오후,

매화에게

—2001 하동 문학기행에서

부조 봉투 안 가져가도 오지 마라 소리없는
하동 매화나무 합동결혼식에 갔네
연분홍 드레스 눈부신 면사포 쓰고 합동결혼식
올리네
섬진강 강바람이 주례를 서고 벌, 나비, 잠자리
하객으로 따라오네
강물 속에 고즈넉이 신방 차린 매화들,
머지않아 산기슭 들썩거리는 효자매실
아기들 영글어 입에 신물 가득 고여 하동골
경사로다
내 해마다 하객으로 가서 결혼 축시 하나
섬진강 물줄기에 띄워 보내고 싶어라

박, 영근다

산골 초가지붕 보름달 같은 박, 영근다

들녘 개구리떼 합창소리로 영근다

지붕 용마루 부엉이 눈빛으로 영근다

옛 흥부 마누라 부지깽이 끝에서 영근다

아래채 늙은 아비 천장을 들썩거리는
골병기침 소리로 영근다

오밤중 산골새댁 엉덩이 까고 백철요강
소피보는 소리에 영근다

달빛별빛 머금고 영근다
먹을 것 없는 부엌에 조왕신 이마가 환하다

석호夕湖

소금쟁이 붉은 노을 무등 타고 노는
저녁 호수에 서면
노송 가지를 흔들며 바람은 바이올린을 켠다
그 청량한 음률音律에 싸여 내 한 백년
깃털보다 가볍게 천천히 침몰하고 싶다

한 천년 호수 바닥에 눈 뜬 미이라로 누워
대서양 카나리아군도 참치배 갑판에서 망가져간
내 청춘의 고통과 애잔한 사랑의 울음소리를
조용히 듣고 싶다

비 갠 후

밤새 누에떼 뽕잎 다 갉아 먹었다
쇠똥구리 여의주를 빚느라 분주하고

추녀 끝 선명해진 거미줄에 무지개가 걸렸다
실개천 개구리떼 목을 낮추고
바지랑대 끝에 앉은 잠자리, 젖은 날개를
턴다

외양간 송아지 뛰어나와 껑충껑충
재롱떠는 아침, 초가삼간 마당이 좁다

방울토마토

과일가게 붉은 태양의 자식들
방울토마토가
붉은 단내를 토한다
저걸 한 소쿠리 통째로 다 먹으면
갈비뼈 녹아내리도록 뜨겁게 살 수 있을까
혼절하도록 뜨겁게 사랑할 수 있을까
저걸 선물하면 식은 사랑을 다시
불붙게 할 수 있을까
해진 뒤에도 인간을 향해 뜨겁게
뜨겁게 살자고
불을 토하는 방울토마토

달무리

수려한 수풀 아래 반달 같은 네 눈
둥근 달무리
예쁜 달무리
하늘에 달무리는 달 밖에서 뜨지만
네 눈 안에서 뜨는 달무리
그 둥근 내면에서 출렁이는 가을하늘
나를 이렇게 황홀케 하는가

화사花蛇

꽃씨의 발자욱을 따라가면
북망산천에도 국밥집이 보이고
호젓한 길섶에 화사 한 마리 똬리를
틀고 있다
우리 할머니 비단 주머니
저승 노잣돈 주머니는 간데없고
고운 끈만 떨어뜨리고 갔어라

12월엔

12월엔 우리 촛불 하나씩 켜자
축복의 촛불을 켜자
작은 감사에도 저 촛농 같은
눈물 한 방울쯤 떨구어보자
우리의 축복들이
질화로 속의 잉걸불같이 오래오래 꺼지지 않게
고통과 절망과 번뇌의 덩어리들은
12월의 세찬 바람 속으로 던져주자
세월과 함께 떠나보내자

12월엔 우리 각자 소망의 깃발을 달고
푸른 기차를 타자
아이들의 해맑은 웃음소리
파도의 힘찬 용트림 소리
따스한 햇살 쓰러지지 않는
사랑의 샘 마르지 않는 곳으로
달려보자
그 사랑 노래 강물처럼
이어지듯이

꺼지지 않는 촛불을 켜자
푸른 기차를 타자

우리들의 힘찬 합성으로
우리들의 찬가로
징글벨, 징글벨!

불신不信

닭과 꿩이 나뭇가지에 앉지 않는 것은
날개가 없어서가 아니라
제 살찐 몸무게는 생각하지 않고
나뭇가지가 부러질까 의심하기 때문이다
이 득의만만한 불행 저 자신도 어찌할
도리가 없는지 부리로 연신 슬픔을
쪼아댄다

촛불

온몸을 태워서 태워서 흘러내리는
뜨거운 눈물
몸을 살라 어둠을 걷어내는 자비
나는 영혼에서 우려낸 진국 같은 뜨거운 눈물
생애 몇 번이나 흘려보았던가
촛불 앞에 서면 언제나 겸허해진다

넝쿨장미

누가 누구를 위한 혁명인가
죽창 들고 조선낫 든 무리는 안 보이고
노을 같은 횃불만 보인다

대낮에도 월담하는 저 무리들
포악한 탐관오리 누이 짓밟은 오랑캐도 없는데
하늘 향해 횃불 들고 불 질러서 간다

새 세상 후천개벽 열자는 선각자처럼
횃불이 횃불을 이끌고 간다

올려다보면 텅 빈 하늘 누구를 위한
혁명인가 오월의 조용한 혁명

제2부

황혼의 포로수용소

황혼의 포로수용소

그대들 이글거리는 햇덩이 보듬고
무수히 내려찍은 죽창 끝에
계룡산 억새풀만 피 흘렸네
우리 수월천 냇물 다 마셔도 목말랐노라
피우지 못한 이념이 낙화처럼 떨어지는 수용소
못 배우고 무지했으되, 잘난 선각자
세치 혀에 친공반공 핏발 세우고
피 흘렸으되, 역사의 치부책에는 죽어도
진정 우린 쇠스랑 죽창 끝에
백의종족 피 묻히지
않았노라 적어주오
승자의 깃발도 패자의 절규도
덧없이 허망해라
오, 그대들 그토록 갈망하던 유토피아는
아직도 먼 고비사막, 끈질긴 망령
허리 부러진 반도의 신음소리 들리는가
친공, 반공 갈림길에서 뜨거운 신열을
식혀줄 단비는 내리지 않았더냐
하늘끝까지 증오를 세웠던 원혼이여

계룡산 서녘 하늘, 노을에 태워라
문신처럼 남아 있는 수용소 허물어진 돌담 위로
포로들의 절규인 양 갈까마귀 슬피 운다

여차바다 · 2

눈 감은 자여 여기 와서 눈을 떠라
동백꽃 심장박동 소리에 눈을 떠라
부딪쳐 하얗게 흩어지는 저 맑은
소금꽃 향기 구천을 흔들면 죽은 자여
눈을 떠라

전생에 보았던 여명 저기 있다
새파랗게 살아 있다
여차바다 늙지 않고 살아 있다

대병도
소병도 무당처럼
신들렸느니
천추만대 살풀이 바위는 북소리를 내고
섬들이 나비같이 작두 위에 춤추는
여차바다

삼각파도는 뜨는 달 이마를 긋고 핏물
뚝뚝 떨어지는 밤에 죽은 자의

증오까지 침몰시켜라

동아시아 귀신들아 여기 와서 춤추어라
바위가 모래 될 때까지
전생에 여명
환희 보일 때까지

지심도 동백꽃

바람 속에 숨어 있는 저격수
봄의 방아쇠를 당긴다

푸른 나무들 향해 소리없는 집중 사격
유탄의 자욱마다 솟아나는 붉은 선혈들

팔색조 노래에 꽃으로 맺혀 이렇게
거제바다가 화관을 썼구나

누군들 저 섬에 가면 뼈까지 녹이는
사랑을 안 하고 배길 수 있겠는가

옥포 욕쟁이 주막 · 2

욕쟁이 할매집 대표 안주는 메뉴판에
없는 욕안주
먹어도 먹어도 질리지 않는 안주
먹어도 먹어도 배가 부르지 않는 안주
내 귀에 송곳처럼 파고들어 오래 기억되는 욕

누룩 냄새 그윽한 막걸리에 푸짐한 욕안주는
찰떡궁합 두꺼운 파전에 욕안주는 무한리필
욕쟁이 할매 욕 재료는 무한대
욕에다 참기름 조선간장 깨소금 쳐 고소한
욕을 빚어낸다

막걸리 한 사발 들이켜면 귓바퀴가 들썩이네
죽은 귀신도 맛보고 갈 욕안주
메뉴판에 없는 이 푸짐한 욕안주는 얼마

거제 숭어

그 차갑고 깜깜한 심해에서
얼마나 하늘이 그리웠느냐
얼마나 하늘이 보고 싶었느냐
물살을 박차고 솟구쳐 뛰는 숭어야
은백의 빠른 유탄아
어부에 잡힌 숭어 아가미로 하늘이
빠져나가고 동그란 눈엔 낮달이
박혀 있네

욕지 바다 · 8

산 같은 파도 온다
욕지바다 어부 팔봉이 양칠이 아재
목선과 함께 파도에 묻혔다
아비 삼킨 바다에 고개도 돌리지 않겠다던
아들 둘
아버지 제사상 그 욕지바다 감성돔
자반으로 올랐다
어동육서 감성돔 눈깔 촛불에 반짝였다
아비귀신 골 아프겠다
올해도 아들놈 아버지 발복 생각하며
로또 무더기로 샀으니
강원랜드 갔으니

고향 추억

금도형 하모니카 소리에
하모니카 소리에, 뒷산 진달래 피고
앞산 망개 익어가고 송홧가루 날렸었지

금도형 하모니카 실력은
임포 오일장 약장수와
맞장 떠도 손색이 없었지
하모니카에서 흘러나오는
유행가 소리 따라 조선낫 비켜잡고
내 지게목발은 성한 날도 없이
장단을 맞추었지
쇠꼴 한 바지게 채워주고 나무 한 짐 날라주고
인자누나에게 연애편지 전해주고
아부지 파랑새 담배 훔쳐다 바치고
형 하모니카 빌려 불고 또 불었었지

내 작은 키보다 커진 하모니카 실력에
인자누나 심판으로 배석하고
금도형과 하모니카 실력 맞장 뜨고 살았었지

산에 지게 팽개친 금도형,
고향을 떠나자 오일장 약장수도 떠나고
내 동심도 그렇게 막을 내렸었지

나 역시 그 추억을 뒤로하고
부황이 든 고향 하늘을 떠나야 했었지
그날 이후 고향 산야 적시던 종다리, 하모니카
소리를 소처럼 마냥 되새김질했었지

갯마을 내 고향

파도 소리 배인 창호에
새벽 달빛 다녀가고 고요히 밀물지면
갯벌에서 마실 나온
아기 짚신게
문틈으로 들어와
사랑채 홀로 누운
내 민발등을 타고 넘네
황포 돛폭에 바람 안기듯이
타관에서 지친 영혼 고향 사랑방에
고즈넉이 안기던
그런 고향 이제 어디에서 찾으리

그때를 기억한다

우리 쌓이고 쌓인 응어리 분노의 함성으로
용해할 수 있었던 그날을 기억한다
삼킨 눈물 삼킨 울분 토하면서 어깨동무하고
부르던 노래를 기억한다
우리가 사람이가, 우리가 사람이가, 한탄하며
절규하던 그날을 기억한다
짓눌리고 유린당한 한 가닥 자존심마저 안으로
삭이고 삭여야 했던 그 시절을 기억한다
갈길 몰라서가 아니고 무겁게 짓누르는
먹장구름 걷어내자고 힘없는 우리도 떨쳐
일어나자던 그날을 기억한다
쉰내 나는 작업복 속에 쇳가루 묻은 지폐 몇 푼
털어서 막걸리잔을 기울이며 우리도
사람 사는 세상 열어보자며 날밤 새우던 그때를 기억한다
이제 이렇게 많은 세월이 흘렀는데 눈 감으면
뜨겁던 팔월 그때를 기억한다

갯벌동네

세상에서 가장 낮은 집
바닷물 반, 뻘 반으로 지은 말랑말랑한
집들
짚신 아기게, 낙지, 모시조개들 들숨날숨으로
파 내려가 지은 보금자리

썰물 지면 별빛 달빛 찾아오라고
하늘 향해 있는, 대문 없는 동그란 집
밀물이 밀려오면 쪽쪽 빨려 들어가는
삽입 바다는 앙증맞게 작은 것들 위해
내 새끼
내 새끼 하며
덮어주고 키워주고
고성 자란만* 영원한 갯벌 동네.

*자란만 : 경남 고성군 하일면 앞바다.

제3부 편지

편 지

새벽녘 샘물 같은 정갈한 마음으로 너에게
편지를 쓴다
편지를 쓰는 일은 가장 아름답고
향기가 멀리 가며 오래가는 지상의 가장
예쁜 꽃씨를 나의 기도로 너의 텃밭에
뿌리는 일
간절한 기도로 뿌리는 일

청명한 새봄에 향기 그윽한 꽃모종을
너의 가슴 텃밭에 정성 모아 심는 일

그 꽃 만개해 고운 향기가 너의 혈류를
따라 몸 구석구석을 돌게 하는 것

당신 · 1

당신 보이긴 하나 찾아갈 수 없는
먼 안개사원 같아라

당신 찾았으나 미로로 얽힌 파라오의
무덤처럼 당신 곁에 다가갈 수 없어라
아름다운 당신 곁에 있어도 하염없이
멀어라

당신 · 2

당신 꽃보다 예쁘다 말하면 꽃잎이
산산이 해체되어 날아갈 것 같다

당신 사랑한다 말하면 사향 같은 향기를
닫을 것 같다

나비여 날갯짓 한번에도 조심하라
거미줄에 매달린 이슬방울 같은 사랑이여

사랑을 함부로 말하지 말자
이슬방울 같은 아슬한 사랑이여

단가短歌

참 예쁜 당신
벼랑에 의지한 야생란의 향기로 당신께
다가서고픈 욕망
하얀 눈송이로 날아가 당신 따스한
가슴에 녹아내리고 싶은 설렘
동백 잎에 찬 빗소리만 잦아지오

폭설 · 1

어지간하다
좀 쉬어라 쉬어 무엇이 그리 바쁘니,
하루 이틀 만이라도 마음에 여유 갖고
사색 좀 해봐, 사랑하는 이 목소리
한번 쯤 안 들으면 어때, 한번쯤
안 만나면 어때 먹고사는 일 하루
미루면 어때,
눈은 세상에 움직이는 것들을 마비시키고
조롱하면서 바람의 채찍을 받으며
온 지상으로 진군한다
갈퀴를 세운 준마처럼 거침없이
내달린다 넓은 영토에 설국을 꿈꾸면서

폭설 · 2

하느님 붓으로 지운다
하얀 먹물 듬뿍 찍어 지운다
가슴에 원한 맺힌 살생부 그 이름들을
지운다
집문서 땅문서를 지운다
주고받은 영수증을 지우고 길을
지운다
부질없는 사랑을 지운다
지상의 모든 것이여 오늘만은 다
지우고 잊으라고 하느님 붓으로 온통
지운다

문자메시지

고목나무 회음부에 무지개 반짝 떴다
밤은 더 이상 두려운 존재가 아니다
황혼의 금수강산 강이란 강은 다 말라
그 많은 은어떼 방생할 못 없어
다 죽었다
은어떼는 죽어도 강물은 다시 흐를
수 있을까
만월 같은 희열로 청춘을 덧칠할 수
있을까
가끔씩 번갯불 같은 손전화 메시지
씨아그랑가 비아그랑가 꼬부랑 말 가라사대
효과 없으면 백프로 환불
이것 알면 죽은 동방삭이가 울 것이다
내 항문이 웃는다
회음부가 웃는다
고목나무들 오늘밤 하늘 괴고 서까래
얹는다
천지간에 확실하고 아름다운 공사
못질 소리 은하에 닿는다

항문이 웃는다

회음부가 웃는다

근황

내 근황을 묻는 친구여
분수에 큰 것을 꿈꾼 적 없으나 간혹
좋은 일 있어도 두렵더라
반찬 없는 밥상을 탓한 적 없고
안주 없는 술도 마다한 적 없다네
있으면 있는 대로 없으면 없는 대로
마음이 잘 길들여져 불편함이 없어라
다행히 마누라 몸 성하고 이순에 인연 맺은 이
경조사에 부조금 댈 수 있는 직장에 목이
붙어 있어 행복하네
집에 돌아오면 문갑 위에 못다 읽은 책이 기다리고
벽에 걸린 연이 바람을 기다린다
두 다리 아직 관절 없어 가고 싶은 산야를 마음껏
돌아다니니 이것이 복이네 다만 아직 아쉬운 거라면
봄 오니 다음 겨울 생각 않고 겨울 단벌 외투 저당 잡
히고
유유자적 술을 사 마시는 옛 두보 시인의 여유를 갖추
지 못함을
아쉬워할 뿐이라네

시인의 묘비명

여기 빈 몸으로 왔다 삼라만상의
막장에서 일생 동안 수정같은 언어를
밑천도 안 들이고 세금 한 푼 안 낸
시인이 야금야금 캐 먹은 죄
천년 풍찬노숙으로도 지우지 못하리

온달에게

한 번도 세상에 날카로운 이빨
핏발 세운 눈매를 드러낸 적 없는 민망할 정도로
순한 온달아
바보 온달아
이제 네 이순의 관절로 키 큰 산을 어찌 넘겠느냐
수수십년 가난에 중독된 평강을 해독시키지 못한 죄
아느냐. 멸시와 굴욕 앞에 분노조차 할 줄 모르는
허리 꺾인 자벌레 같은 온달아
네 아내는 살을 찢는 북풍한설 앞에 비빌 언덕 없이
오뉴월 삼베적삼으로 맞섰느니
익힌 밥알조차 네 입에서 아프다고 비명 질렀구나
걸어온 발자욱이 헛된 가시밭길이 아니라고 자부하는가
온달 어찌 찬란한 것이 저녁 노을과 꽃뿐이더냐
고구려 장군 투구 끝에 걸린 붉은 노을이 아니면
어떠한가. 죽어서라도 철철 피 흘려 붉은
철쭉꽃 피울 영토에서 어금니 깨문 그 세월을
백악기 지층 같은 그 세월을 견딘 평강을 위해
늙은 뼈 가루 되도록 헌신하라

죄송하고 죄송하다 외치며 사랑하라
육체는 한낱 벗고 입는 의복인 것을.

오원 장승업*

나풀나풀 보일 듯 말 듯
선녀의 푸른 치맛자락 보인다

봉두난발 머리칼 휘날리며
빈 호리병 차고
주막 없는 저승길 가고 있다

저 하늘로 가면
어느 선녀의 치맛자락에
죽竹을 칠고
때 묻은 바랑 속에 벼루가 운다

*장승업 : 조선 후기의 낭인 화가.

處士

여기, 문장은 귀신을 희롱하고 이승의
술빛을 청산 못한 처사, 흰구름 덮고
누웠노라

재주가 많았으나 구하지 않았다네
초야에 묻혀 살았으나 찾는 이 많았으니
참으로 행복한 자유인이었네

시절을 원망 않고 가난을 탓하지 않으니
순리대로 청산의 숲속 백로의 노래로
남았으니 그대는 진정 사나 죽으나
자유인이었네

바람의 길

우리들의 인생은 바람의 길
보이지 않는 바람의 길
연기를 피워보면 바람의 길이 보이고
낙엽이 날아가는 걸 보면 바람의 길이
보이고
연을 띄우면 바람의 길이 보인다
보일 듯 말 듯 미로의 길도
심봉사 개천 건너듯 지팡이로 더듬더듬
찾아나서는 것, 삶의 길 찾아나서는 것
절망의 끝에 서 본 자만이 바람의 길이 보인다
고독한 길이 보인다

그대 떠난 후

그대 떠난 후 오랜 묵정밭같이
황폐했네
모랫바람 날리는 돈황이었네

우리 하늘땅 다 갈아엎던 보습날
이렇게 이렇게 벌겋게 녹슬어가는데
그대와 나 언제 다시 우리의 영토로
돌아가 봄날을 일구리

언제 강물 소리 같은 사랑노래 다시
불러보리

희미한 등잔 밑에 언 손 부비며 다시
소년이 되어 긴 편지를 써보리

후 회

술이 피를 달구었어도 행동하지 않았느니
사랑이 찾아왔는데 그때 악수하지 않았느니
우매한 바보여
그때 무얼하며 어디 있었느냐
나 그때로 다시 돌아간다면 돌아갈 수 있다면
칠월의 태양 아래 온 정열로 피는
백일홍이 되어보리

연 · 7

달귀야
복어알 먹고 열세 살에 죽은
달귀야
열다섯 살에 까치독사에 물려 죽은
남식아
장수하늘소 등에 타고 어느 별로
가고 있느냐
방패연 방구멍에 네가 보인다
가물가물 보인다
저 멀고 먼 하늘

山行日志 · 1

산행에서 길을 잃고 갈잎 흩뿌려진
짐승의 길을 따라간다
사람의 길은 어지러운 무수한 발자욱과
흔적을 남기지만 표효하는 울음의
끝까지 넝굴과 가시덤불을 헤치며
혼자서 고독하게 걸었을 순한 짐승을
생각한다
그 짐승의 발자욱에 오염된 발자욱이
포개지는 산중
내 발자욱을 덮을 완전히 덮을 눈이라도
내렸으면
하얀 눈이라도 내렸으면
오! 길은 길을 잃어봐야 길이 보인다
고독한 길이 보인다
청정한 길이 보인다

山行日志 · 2

삶이 고산준령이 아닌 때가 한두 번이던가요
아무리 곧은 나무도 그 속에 상처 같은 공이
하나쯤 있듯이
우리 가슴에 업業 하나쯤
숙명이 아닌 때가 있었던가요
뒷산 밀어주고 앞산 당겨줍니다
눈은 게으르고 발은 자욱자욱 바지런합니다
내 죽어 백골이 되어도 뗄 수 없는 산 하나 지고
가쁜 숨결 헉헉거리며 오릅니다
산신에 바칠 돼지 콧구멍도 벌렁거리며
더운 김을 뿜어냅니다
굽이굽이 물결치는 생의 능선을 지나
잴 수 없는 험준한 삶의 봉우리에 서면
살갑게 나비같이 골짜기를 낙화하는
꽃잎의 날, 볼 수 있을까요
경인년은 꽃잎 한 장의 무게로
살갑게 살갑게
날아내리는 꽃잎의 날, 있을까요
눈썹 끝에서 나부끼던 신기루 같은
머나먼 봉우리여

전파

빛의 속도로 가는가 천리향 향기
태풍 매미 광풍의 속도로 가는가 만리향 향기

TV 유명 여자 연예인 스캔들, 결혼, 파혼
미스코리아 출신의 야한 동영상
염병처럼 빠르다
만리향, 천리향
향기가 실종된 소문들이 닫혀 있는 대문을
열고 안방까지 게릴라처럼 침투하여
귓속의 달팽이관을 파먹는다

취약하기 그지없는 눈을 기만한다
왜 우리들의 귀와 눈은 이렇게
한가하단 말인가

제4부 무상

무 상

한 왕국이 천년을 넘기기 어렵다는 것을
황룡사 주춧돌이 말한다

한 생애가 백 년을 넘기기 어렵거늘
메워도 메워도 메워지지 않을 바닥 없는
마음의 구덩이에 온갖 욕망을 채우려 한다

한 비밀이 십년을 지키기 어렵거늘
아무도 촘촘한 하늘의 그물을 두려워하지 않는다

무 덤

무덤 옆에 무덤 또 보탠다
무거운 돌비석 세운다
천년 이름 새긴다
무상한 시호諡號* 붙인다
가선대부
통정대부
숭록대부
통훈대부
산이 점점 무거워진다
죽은 역발산 초패왕도 고개 흔들며
돌아가겠네

산신령 허리 휘어지겠네
땅속의 지렁이 몸살하겠네

＊시호諡號 : 왕이 정승이나 나라에 공을 세운 사람에게 공덕을 기리어 죽은 뒤에 주는 이름.

지폐 · 2

낚일 듯 낚일 듯 낚이지 않는 심해의 대어
손에 잡혀도 매끄러워 빠져나가는 장어
보일 듯 말 듯한 사막의 신기루

정거장에서 악수하려고 손 내밀면 못 본 체
다음 정거장으로 질주하는 너
사람들은 필사적으로 너를 쫓아가지만
그림자 사냥이더라
밑 빠진 꿈이더라

너에게 짝사랑만 하다 밑 빠진 꿈만 꾸다
인생이 다 간다

침묵

풀잎 하나 벤 적 없는 명인이 만든
칼집 속에 잠자는 칼이 무섭다
대가代價를 받고 사람의 목숨을 거두는
자객이나 사나운 낭인의 손에 쥐어질까
무서운 것이다

충분히 발효되지 않은 혀끝에서
마구 뿜어내는 언어가 두렵고 무서운 것이다
그럼 침묵의 무게는 과연 몇 근?

술 한 잔, 밥 한 그릇

길거리에서
차 안에서
안방에서
참 편리한 인사
전화통 붙들고 입에 기름칠
안 해도 잘 쏟아내는 인사
고갈되지 않는 인사
다음에 우리 술 한 잔 하세
다음에 우리 시간 나면 밥 한 끼 하세
가난이 하늘보다 무섭던 배고프던 시절
술밥간에 잘 먹었네
술밥이 신이던 시절
술밥이 보살이던 시절
술밥이 도깨비방망이던 시절
술밥 먹이면 먼 길 돌아갈 필요가 없던
그 시절
시절 변했다 하지만 세상 뒤집히지 않는
이상 아직도 요원하다
왜 하필이면 술이 먼저고 밥이 나중이란 말인가

유사有史 이래 밥 굶어 죽은 사람은 있어도
술 굶어 죽은 사람은 들어보지 못했다
요즈음 세상, 쌀로 짐승사료 하는 시대
밥값보다 찻값이 더 비싼 시대
구두보다 비싼 운동화
세상사 불고기집 고기분량만큼 애매하여
천치 같은 내 머리로 이해
안된다
길거리에서
자동차 속에서
어디에서든 우연이든 필연이든 만나면
차 한 잔 하세
술 한 잔 하세
바람둥이 거짓사랑 남발하듯
부도수표 남발하듯 그 약속 지켜도 되고
안 지켜도 되는 법
편리하구나
배가 불러서 병이 되는 세상
공자가 무덤에서 혀를 껄껄 찰

나오는 대로 뱉는 말에 가라사대
예禮가 무너지면
나라가 무너진다 했거늘
술밥 얻어먹고도 고마운 감동 못 느끼는
세상 천국이구나
오늘도 친구야, 형님아, 영자야, 숙자야
바람둥이 거짓사랑 남발하듯
부도수표 남발하듯
술 한 잔 하세
밥 한 끼 하세
차 한 잔 하세

요즈음 남자

맥아더장군 혀를 빌려 말하노라
요즈음 간 큰 남자 밀림을 헤치며
제 죽을 무덤을 찾아 천리독행하는 병든
아프리카 코끼리같이 죽지 않고 사라져간다

파도에 깎이고 굴러서 모래알같이
작아져가는 고개 숙인 남자 하도 많아 바지랑대
앞에서도 머리를 곧추세워 위풍당당한
뒷산 화사花蛇 같은 남자를 보고 싶다

요즘 세상 팽팽한 풍선처럼 큰 간을
가진 남자를 보고 싶다
TV채널권을 아내와 자식에게 양도하고
슬그머니 담배 물고 꼬리를 감추는 남자보다
돌멩이를 맞고도 머리를 곧추세우고
눈을 부릅뜬 화사 같은
남자를 보고 싶다

밀가루 대통령

소년 적 나무하고 소 먹이던 고향 뒷동산
우리들이 심었던 어린 오리목, 아름드리
둘레로 무성한 가지 잎새로 하늘을 가리네
가만히 안고 귀 기울이면 새벽 종소리 울리고
밝아오는 새아침마다 밀가루의 하얀 허기
산림녹화 사업 그 노임으로 지급받은 밀가루
수제비 몇백 마력 순환의 힘, 몸 구석구석까지
뻗은 뿌리와 꼿꼿한 직립으로 이순까지 왔다
오리나무를 안으면 새벽종 울린다
그 밀가루 대통령 가고 없으나 팔뚝마다 솟아오른
뿌리의 근육들 외치고 있다
고픈 배 채워주는 것이 보살이고 하늘이다
오리나무는 집집마다 가마솥에 수제비 떨어지는 소리로
새벽종 새마을 노래로
나무들 하늘을 달리고 있다
지금 나무의 키보다 더 자란 10위권 경제대국
오, 대한민국 다부진 밀가루 대통령 밀가루 같은
하얀 이 드러내고 무덤에서 웃을 덩달아 웃을
근실한 대한민국 역사여!
뿌리들이여!

소백산 주목나무

산속에 산이 되어버린 나무가 있다
죽어서도 살아 있고 살아서도 죽어 있는
나무가 있다

소백산 등줄기마다 맨살의 눈부신
글자 없는 묘비명 서 있다
학의 공동묘지에 세워야 할 백비 있다

오늘도 산꾼들 쉼없이 오르내린다
아무도 글자 없는 백비 해독한 이
없었다

산까마귀 울음 차가운 소백산 가면
눈 맞고 서 있는 미이라가 된
나무가 있다

이행 시 팔수

봄 뻐꾸기 울음소리 먼 산 절간 지붕 기왓장을
타고 넘는다.

좋은 술은 발끝에서 취해 오르고
나쁜 술은 머리부터 취해 내린다

황소 뒷발질에 어둠 차인다
생채기 하나 없어도 새벽은 온다

물건 훔친 놈은 감옥 가고
사랑 훔친 놈은 거리를 활보한다

내 발자욱 소리가 발자욱을 따라오는
정처 없는 이 외로움

향내 나는 양주 얻어 마시고 오줌을 누어도
지린내만 나더라

안기부, 삼청교육대가 사라진 후 매 맞고 살아나는
팽이 같은 장사도 없어졌더라

삼월이면, 청설모 뱃속의 솔씨도 싹 틔우겠다

칠 순

순환 모터 없이도 몸속 배관구멍으로
잘잘잘 나오던 물, 이제 안 나오고
더러운 진물이 나오지 마라는 구멍 속에서
나오더라
칠순에는 나오라고 염원하는 곳에
물 안 나오더라

모범 가장

최영 장군의 입을 빌린다

황금 보기를 황금같이 보고
돈 보기를 돈같이 보고

여자 보기를 장승같이 보고
아내 보기를 여왕같이 보고

늙어도 빵을 잘 물고 오고
늙어서도 힘과 능력이 분수같이 솟고
신물 안 나는 사랑이 있고,

선배 말씀

선배 말씀 가라사대, 여자를 감동시키지
않으면 시가 아니다, 아득하고 겁나다

그러나 선배 말씀에 충실하고자 한다
오늘도 침침한 눈을 추스르고
마누라 잔소리의 몇백 마력으로
막걸리 몇 잔의 주기로
시를 바지런히 쓴다
쪽팔리지 않는 시를 쓰려고 한다
마누라 왼손에 물도 안 묻히고
능숙하게 밥 짓는 솜씨같이
시를 쓰려 한다
내 시가 여자들을 감동시키고
돈이 되는 시대가 온다면 나는 이미
이 세상 사람이 아닐 것이다

늙어가면 개꿈도 그립다

늙어가면 옛날 꾸었던 개꿈도 그리운가
내 겨드랑이에 무수히 돋아나던 용비늘
잠들면 영혼이 가벼운 새가 되는가

팔을 휘저어 가면서 잠자리처럼 얕은
강물 위에 발목도 적시고 무지개 터널을
빠져나가 기도한다

손오공처럼 바람을 가르고 구름 속을 솟구친다
내 팔은 퇴화된 새의 날개, 눈 감으면
바람을 저어간다
별을 나침반 삼아 불 꺼진 당신의 창가에도
간다
눈 뜨면 눈송이로 우수수 떨어져내리는 용비늘
맨살의 겨드랑이, 새의 영혼이 깃든 겨드랑이
다시 한 번 날고 싶구나
다시 한 번 또 그 꿈꾸고 싶구나
늙어가면 개꿈도 그립다

나그네

낙타 같은 한 생이여,
역마살이 숙명이라

모질게 모질게 핏발로 일어서는 번뇌
죽장 아래 흩어지네
짚세기 자욱자욱 구름이 일고 주막은
아득히 먼 데
술 떨어진 빈 호리병에는
잔별만 짤랑댄다

고산을 넘어가는 학 한 마리가 노을에 지고
봇짐 베고 누운 자리 달빛도 차가워라

하얀 갈대 출렁이는 호젓한 산길에서
이대로 죽는다 해도 여한이 없어라

시詩

대장간 천 도의 불로 달구어져라
대장간 천 번의 망치질로 날 세워라
겨울 백두산 장군봉 칼바람 맨살로 서라
그러면 옛 달마의 면벽도 보일 것이다
그렇게 시의 귀신은 노새 타고 터벅터벅 올 것이니
이 세상 어느 무당도 막아서지도
내쫓지도 못할 것이니,

시 짓는 일

혼불로 밥을 짓듯이
기도의 촛불로 밥을 짓듯이

밤새 피를 풀무질하며 이른 새벽
아내가 밥을 짓듯이, 시를 짓는다

누가 퍼 먹을까, 이 시詩
밤새도록 익힌 시를 공짜배기라 해도
퍼다 먹는 사람이 없어라

해 설

세속을 초월하려는 질박한 정서

이상개(시인)

해설

세속을 초월하려는 질박한 정서

이상개(시인)

1.

시인이 시를 쓰는 것은 당연하다. 그런데 가끔 어쩌다가 '정말 나도 시인일까' 하는 의문에 잠길 때가 있다. 시인이 시를 쓸 때 사물이나 대상을 제대로 인식하고 시를 쓰는 것이 합당하다면 시인은 모든 대상이나 사물을 제대로 인식했다고 말할 수 있을까?

수많은 시인들이 남긴 작품들은 그 사람의 개성이 두드러지고 예술성이 뛰어날 때 빛을 보기 마련이다. 그러나 독자로서는 시를 읽으면서 스스로 깨닫고 느낄 때야말로 시를 가장 잘 이해했다고 볼 수 있다.

우리는 어쩌면 독자보다 시인이 더 많은 시대에 살고 있을지 모른다. 그러나 절망할 필요는 없다. 사실 시인은 고급 독자일지도 모른다. 그렇다면 안심할 문제인가? 그것도 아니면 우리는 어떻게 대처해야 할 것인가? 이런 생각을 하면서 김종원 시인의 두 번째 시집을 들여다보고 있다.

김종원 시인은 이미 처녀시집으로 《연》을 펴낸 바 있다.

강희근 시인과 문효치 시인의 말을 옮김으로 《연》의 시세계를 대신한다.

> …일상의 직업의식이나 취미생활로서의 전통연 제작에 관련된 의식이 시적 통어력에 작용하고 있다…
>
> —강희근

> …그의 시는 비약이나 파괴나 실험적인 점을 선호하지 않는다. 집짓기에 있어서 벽돌쌓기에 해당되는 말의 운용이 매우 온당해 보인다
>
> —강희근

> …그는 자기 사는 지역의 정서와 애환과 삶에 대해 철저해 보인다.…그러므로 그의 사랑과 애환은 떠돌이나 부표 뜨는 흔들림의 파고에 놓인 것이 아니라 한자리 김치로 삭거나 한 동이 술찌끼로 숙성의 빛깔을 띠게 된다.
>
> —문효치

이번에 나온 김종원 시인의 제2시집 《지심도 동백꽃》는 모두 4부로 구성되어 있다. 제1부 〈봄의 노래〉, 제2부 〈황혼의 포로수용소〉, 제3부 〈편지〉, 제4부 〈무상〉으로 돼 있는데 시세계에는 큰 변모는 없어 보이지만 인생을 보는 눈이 투명해지면서 깊이가 있고 무게를 더하고 있다고 여겨졌다.

2.

제1부 〈봄의 노래〉

고향에 대한 짙은 향수와 유년의 추억이 짙게 깔려 있다. 누구에게나 고향은 그리움과 추억으로 점철되어 있기 마련이다.

> 과일가게 붉은 태양의 자식들
> 방울토마토가
> 붉은 단내를 토한다
> 저걸 한 소쿠리 통째로 다 먹으면
> 갈비뼈 녹아내리도록 뜨겁게 살 수 있을까
> 혼절하도록 뜨겁게 사랑할 수 있을까
> 저걸 선물하면 식은 사랑을 다시
> 불붙게 할 수 있을까
> 해진 뒤에도 인간을 향해 뜨겁게
> 뜨겁게 살자고

불을 토하는 방울토마토

—〈방울토마토〉 전문

1부의 시 중에서 내 마음을 오래 잡아끄는 시였다. 방울토마토가 '태양의 자식들' 로 표현한 발상이 신선했을 뿐 아니라 작품 전체가 공감을 주고 있다. 그 붉은 방울토마토의 정열을 빨아 마시고 '혼절하도록 뜨겁게 사랑' 하고픈 갈망을 염원한다. 그러면서 '뜨겁게 뜨겁게 살자고/ 불을 토하는 방울토마토' 이다.

그 외에도 〈춘일 · 2〉에서는 '죄 많은 발' 로 '꽃잎 한 장의 무게로' 건너고 싶은 봄을 노래하였고 〈춘일 · 3〉에서는 '꽃잎에 깔린 개미 필사적으로/ 꽃잎을 들어올린다/ 온 우주가 휘청거린다' 로 봄날의 경이를 알려준다. 〈비 갠 후〉에서는 전형적인 농촌 풍경을 깔끔하게 보여주는가 하면 〈화사〉에선 '우리 할머니 비단주머니/ 저승 노잣돈 주머니는 간데없고/ 고운 끈만 떨어뜨리고 갔어라' 라고 읊고 있다.

〈매화에게〉란 작품을 보노라면 김종원 시인이 노후를 어떻게 살고 싶은가를 잘 보여준 시라고 생각한다. 2001년 하동문학기행에서 란 부제가 붙어 있다.

부조봉투 안 가져가도 오지 마라 소리 없는
하동 매화나무 합동결혼식에 갔네

연분홍 드레스 눈부신 면사포 쓰고 합동결혼식
올리네
섬진강 강바람이 주례를 서고 벌, 나비, 잠자리
하객으로 따라온다
강물 속에 고즈넉이 신방 차린 매화들
머지않아 산기슭 들썩거리는 효자 매실
아기들 영글어 입에 신물 가득 고여 하동골
경사로다
내 해마다 하객으로 가서 결혼 축시 하나
섬진강 물줄기에 띄워 보내고 싶어라

—〈매화에게〉 전문

3.

제2부 〈황혼의 포로수용소〉

〈황혼의 포로수용소〉와 〈그때를 기억한다〉가 2부의 표제에 맞는 시편인 것 같다. 그 외의 시는 1부와 별로 다르지 않다.

전자의 시는 우리 민족의 수난인 한국동란 중에 생긴 거제의 포로수용소의 역사에 대한 고발이요 증언이다. 통일은 까마득한데 민족의 비극을 아는지 모르는지 거제 포로수용소는 아직도 남아 생생하게 보여주고 있다. 결코 잊을 수 없는….

그대들 이글거리는 햇덩이 보듬고
무수히 내려찍은 죽창 끝에
계룡산 억새풀만 피 흘렸네
우리 수월천 냇물 다 마셔도 목말랐노라
피우지 못한 이념이 낙화처럼 떨어지는 수용소
못 배우고 무지했으되, 잘난 선각자
세치 혀에 친공, 반공 핏발 세우고
피 흘렸으되, 역사의 치부책에는 죽어도
진정 우린 쇠스랑 죽창 끝에
백의종족 피 묻히지
않았노라 적어주오
승자의 깃발도 패자의 절규도
덧없이 허망해라
오, 그대들 그토록 갈망하던 유토피아는
아직도 먼 고비사막, 끈질긴 망령
허리 부러진 반도의 신음소리 들리는가
친공, 반공 갈림길에서 뜨거운 신열을
식혀줄 단비는 내리지 않았더냐
하늘 끝까지 증오를 세웠던 원혼이여
계룡산 서녘 하늘 노을에 태워라
문신처럼 남아 있는 수용소 허물어진 돌담 위로
포로들의 절규인 양 갈까마귀 슬피운다

—〈황혼의 포로수용소〉 전문

〈그때를 기억한다〉는 군부독재에 맞선 민주항쟁에 대한 증언 내지 감회가 될 것 같다. 새로운 고발이나 증언이 되었다면 좋았을 것이다.

바람 속에 숨어 있는 저격수
봄의 방아쇠를 당긴다
(…중략…)
유탄의 자욱마다 솟아나는 붉은 선혈들

팔색조 노래에 꽃으로 맺혀 이렇게
거제바다가 화관을 썼구나

—〈지심도 동백꽃〉 일부

욕쟁이 할매집 대표 안주는 메뉴판에
없는 욕안주
먹어도 먹어도 질리지 않는 안주
(…중략…)
누룩 냄새 그윽한 막걸리에 푸짐한 욕안주는
찰떡궁합 두꺼운 파전에 욕안주는 무한리필
욕쟁이 할매 욕 재료는 무한대
(…중략…)
메뉴판에 없는 이 푸짐한 욕안주는 얼마

—〈옥포 욕쟁이주막 · 2〉 부분

잡힌 숭어 아가미로 하늘이
빠져나가고 동그란 눈엔 낮달이
박혀 있네

—〈거제 숭어〉

아버지 제사상 그 욕지바다 감성돔
자반으로 올랐다
어동육서 감성돔 눈깔 촛불에 반짝였다
아비귀신 골 아프겠다
올해도 아들놈 아버지 발복 생각하며
로또 무더기로 샀으니
강원랜드 갔으니

—〈욕지바다〉

〈지심도 동백꽃〉〈옥포 욕쟁이주막 · 2〉〈거제 숭어〉〈욕지바다〉 바로 우리의 터전이요 고향을 노래한 시편들로 현실 속의 절박한 삶을 절실하게 그려내고 있다.

4.

제3부 〈편지〉

편지는 자신의 감정이 충실하게 전달될 때 몫을 다하게 된다.

따라서 자기의 진심을 상대편이 받아들일 때가 가장 중요하다. 여기서는 편지의 형식을 빌려 자신의 뜻을 표현하고자 하는 시도가 있기 마련이다. 또 자기가 자기에게 쓸 수도 있다.

〈온달에게〉란 작품에선 바보온달 즉 고구려 온달장군과 평강공주의 고사를 빌려 역사의식 속에 자기의 의지를 표출시키면서 자기의 염원을 내보인다. 현재의 우리가 겪는 고된 삶도 능히 이겨내고 뛰어넘어 살아가는 것도 바보온달과 평강공주를 통해 기운을 얻을 수 있기 때문이리라.

한 번도 세상에 날카로운 이빨
핏발 세운 눈매를 드러낸 적 없는 민망할 정도로
순한 온달아
바보 온달아
이제 네 이순의 관절로 키 큰 산을 어찌 넘겠느냐
(…중략…)
온달 어찌 찬란한 것이 저녁노을과 꽃뿐이더냐
고구려 장군 투구 끝에 걸린 붉은 노을이 아니면
어떠한가. 죽어서라도 철철 피 흘려 붉은
철쭉꽃 피울 영토에서 어금니 깨문 그 세월을
백악기 지층 같은 그 세월을 견딘 평강을 위해
늙은 뼈 가루 되도록 헌신하라
(…중략…)
육체는 한낱 벗고 입는 의복인 것을.

〈시인의 묘비명〉을 보자.

여기 빈 몸으로 왔다 삼라만상의
막장에서 일생 동안 수정 같은 언어를
밑천도 안 들이고 세금 한 푼 안 낸
시인이 야금야금 캐 먹은 죄
천년 풍찬 노숙으로도 지우지 못하리

―〈시인의 묘비명〉 전문

'밑천도 안 들이고 세금 한 푼 안 낸' 시인이 수정 같은 언어를 캐먹은 죄도 죄가 될는지 모르겠다. 노동의 대가라면 너무 야멸차다고 할까. 그래서 이 세상에 지적소유권이 생겨났는지 모르겠다.

〈산행일지〉란 일련의 작품에선 삶의 고행을 노래하고 있지만 결코 좌절하지 않고 자연이 우리에게 안겨주는 무한한 기운을 듬뿍 느끼게 해준다고 읊는다. '전파'를 빛의 속도로 가는 천리향 향기로 혹은 광풍의 속도로 날아가는 만리향 향기로 보는 것도 우리에게 남다른 쾌감을 안겨준다. 고정관념에서 벗어난 예로 삼아도 좋을 것이다.

5.

제4부 〈무상〉

세월은 무심하고 인생은 무상하다. 한 사람의 생명이 태어났다가 늙어 스러지기까지 기껏 백년도 될까말까다. 그런데 우리네 인생살이는 나쁘게 말하면 아귀다툼의 연속이고 좋게 말하면 지상천국이다. 그러나 너무 단정치 말자.

4부에서는 시인의 무욕과

> 산속에 산이 되어버린 나무가 있다
> 죽어서도 살아 있고 살아 있어도 죽은
> 나무가 있다
>
> 소백산 등줄기마다 맨살의 눈부신
> 글자 없는 묘비명 서 있다
> 학의 공동묘지에 세워야 할 백비 있다
>
> 오늘도 산꾼들 쉼없이 오르내린다
> 아무도 글자 없는 백비 해독한 이
> 없었다
>
> 산까마귀 울음 차가운 소백산 가면
> 눈 맞고 서 있는 미이라가 된

나무가 있다

—〈소백산 주목나무〉 전문

살아 천년 죽어 천년을 산다는 태백산 주목나무. 그 주목나무의 기상은 살았을 때나 죽었을 때나 같다. 'TV채널권을 아내와 자식에게 양도하고(〈요즈음 남자〉)' 인간세상이 혼탁할수록 주목나무의 기상은 빛날 것이고 우리는 주목보다 못한 잡초에 불과할지도 모른다. 그러나 개개인이나 사물은 자기만의 가치를 지니고 있다. 자기가 지닌 가치만이라도 빛내준다면 한 생명의 소임을 다한 것이나 다름없다.

이 시는 주목나무의 기상이 살아 있는 느낌을 받는다. 아마 김 시인이 추구하는 삶도 이런 게 아닐까.

김 시인의 이번에 나온 제2시집 《지심도 동백꽃》를 읽으면서 느낀 점은 편안하면서도 묵중함이 실려 있다는 것이다. 이런 것이 김 시인의 시세계라면 그 정신은 아마 일찍부터 고향에서 갈고 다듬은 것에서 연유한 것이 아닐까 한다. 고향은 대자연과 상통한다. 그래서 우리는 자연을 애찬하고 자연으로 돌아가길 바라고 있지 않는가.

김 시인의 시를 읽으면서 느낀 점이 있다면 그가 말을 갈고 다듬는 솜씨는 장인정신이 깃들어선지 억지나 무리가 없다. 조금은 투박할지 모르나 오히려 강인하고 묵중한 느낌을 안겨준다. 또 지나치지 않는 기교가 어색함보다 오히려 친밀감을 더해

준다. 세속을 초월하려는 질박한 정서가 흐르고 있다고나 할까.

어쨌든 나는 이런 점들이 좋다.

아무쪼록 〈소백산 주목나무〉처럼 청청한 기상의 시인으로, 〈방울토마토〉 같은 뜨거운 열정으로 살며 사랑하며 시를 쓰시다가 〈시인의 묘비명〉 하나 남기시면 더욱 좋을 것 같다.